Blutzucker natürlich regulieren und senken

Das Selbsthilfebuch

Wie Sie Ihren Blutzuckerspiegel mit einfachen Methoden selber steuern und Diabetes effektiv bekämpfen – inkl. der besten Rezepte

Petra Langenscheidt

INHALT

Worum es in diesem Buch geht

Sie haben die Diagnose Diabetes von Ihrem behandelnden Arzt erhalten und sind nun auf der Suche nach Möglichkeiten, Ihren Blutzucker zu senken? Oder haben Sie sich schon oft die Frage gestellt, ob Sie an einem erhöhten Blutzuckerspiegel leiden und woran Sie diesen frühzeitig erkennen können? Was sind eigentlich die ersten Anzeichen einer Diabetes-Erkrankung? Widmet man sich dem Thema Zuckerkrankheit, fällt einem automatisch der Begriff Blutzucker ein. Doch was genau bedeutet das und warum ist er so ausschlaggebend für eine gesunde Energiezufuhr?

Zucker ist für unseren Körper einer der wichtigsten Energiespender und somit ein unerlässlicher Treibstoff. Dementsprechend haben wir alle Blutzucker. Doch der kann uns, ab einer bestimmten Menge, krank machen. Immer mehr Menschen werden mit einer Diabetes-Diagnose konfrontiert, viele merken es zuvor eine lange Zeit nicht und leben damit, ohne es zu wissen.

Wir haben es in unserer Zivilisation geschafft, dass Zucker Hauptbestandteil der Nahrung geworden ist. Es scheint, als würde es einen unstillbaren Hunger auf Zucker geben, denn auf dem Speiseplan findet er sich in fast allen Lebensmitteln. Daher ist Diabetes zu einer sogenannten Volkskrankheit geworden, mit der viele Millionen Menschen tagtäglich ihr Leben bestreiten müssen.

Dieses Buch soll Ihnen dabei helfen, einen Gesamtüberblick über den Blutzucker und seine Funktion zu bekommen. Es ist ein kompakter Ratgeber, der Ihnen eine hilfreiche Stütze im Alltag sein wird. Sie werden über gesunde Blutzuckerwerte informiert, Ihnen wird aufgezeigt, mit welchen Lebensmitteln Sie Ihren Körper effektiv dabei unterstützen können, den

Blutzucker zu senken und wie sie Letzteren natürlich regulieren und stabil halten. Einige dieser Lebensmittel stehen bestimmt schon auf Ihrem Speiseplan, andere mögen neu für Sie sein. Außerdem bekommen Sie eine Liste mit Nahrungsmitteln, die Sie eher meiden sollten – jene, die zu viele Kalorien und eine große Menge an verstecktem Zucker besitzen und sich somit negativ auf die Blutzuckerwerte und den Stoffwechsel auswirken.

Ein sehr wichtiger Faktor, neben einer ausgewogenen und gesunden Ernährung, ist die ausreichende Bewegung. Körperliche Aktivitäten und Sport sind ausschlaggebend für einen gesunden Organismus und Ihr Wohlbefinden. Und genau das macht sich auch beim Blutzucker bemerkbar.

Um langanhaltend auf verschreibungspflichtige Medikamente verzichten zu können, bieten die Naturheilkunde und die Homöopathie zahlreiche Anwendungen und Therapien, über die Sie hier ebenfalls informiert werden. Es ist enorm wichtig, dass Sie sich dem ganzheitlichen Aspekt der Gesundheit zuwenden und durch Lebensfreude und Spaß an wohltuendem Genuss Ihren Stoffwechsel ankurbeln, um die unnötigen Fettdepots schmelzen zu lassen und den Blutzucker auf ein natürliches Maß zu bekommen. Vitamine,

Mineralstoffe und der Wille für eine Ernährungs- und Lebensumstellung sind hier sehr bedeutsam, um die geschädigten Zellen wieder zu reparieren. Es ist möglich, auch mit einer Diabetes-Erkrankung ein ganz normales Leben ohne Einschränkungen zu führen.

Und damit der besagte Genuss nicht zu kurz kommt, finden Sie im letzten Kapitel eine reichhaltige Auswahl an fantastischen Rezepten, mit denen Sie sofort in Ihr neues Leben starten können. Übernehmen Sie aktiv Verantwortung für Ihre Gesundheit und fühlen Sie sich rundum wohl und fit.

Was ist eigentlich Blutzucker?

Beim Blutzucker handelt es sich um den Glukoseanteil im Blut, der unerlässlich für das Funktionieren des Gehirns, der roten Blutkörperchen und der Nieren ist. Der Körper braucht in allen Lebenslagen, ob in Ruhephasen oder in Bewegung, ausreichend Energie. Diese erhält er über die tägliche Nahrung, vor allem durch Kohlenhydrate. Diese wandelt der Körper zunächst in Stärke und Zucker um, im Anschluss werden sie dann in Traubenzucker (Glukose) gespalten und gelangen so in den Blutkreislauf.

Daher steigt der Zuckergehalt im Blut nach dem Verzehr von kohlenhydrathaltigen Lebensmitteln enorm an. Das Blut hat die Aufgabe, Nährstoffe in die verschiedenen Körperzellen zu transportieren. Damit das gelingt, bedarf es einen Signal- oder auch Übertragungsstoff. Und genau da kommt das Insulin ins Spiel, ein blutzuckerregulierendes Hormon, das in der Bauchspeicheldrüse produziert wird. Es ermöglicht dem Blutzucker den Weg in die Zellen und führt dazu, dass der Blutzuckergehalt wieder sinkt. Somit ist Insulin ein ausschlaggebender Faktor bei der Energieumwandlung.

Bei einer Diabetes-Erkrankung gelangt der Blutzucker nicht oder nur unzureichend in die Körperzellen, weil zu wenig oder kaum Insulin vorhanden ist. Somit kann das Insulin nicht ausreichend wirken und die Zuckerkonzentration steigt an, ohne dass der Blutzucker von den Körperzellen als Energie genutzt wird.

Diabetes-Erkrankung

TYP 1 UND TYP 2

Diabetes mellitus, der Fachbegriff für die Zuckerkrankheit, stammt aus dem Altgriechischen und bedeutet übersetzt „honigsüßer Durchfluss". Diese Erkrankung tritt in den Formen Typ 1 und Typ 2 auf und geht in beiden Fällen mit einem erhöhten Zuckergehalt im Blut einher. Wenn sich die Muskel- und Fettzellen nicht öffnen, um die energiebringende Glukose aufzunehmen, werden die Blutbahnen verklebt und die Organe leiden an Energiemangel. Dies hat, je nach Diabetes-Form, unterschiedliche Ursachen.

Typ 1

Bei der Typ-1-Erkrankung greifen die eigenen Abwehrzellen die Zellen der Bauchspeicheldrüse an, sodass diese kein Insulin mehr produzieren können. Sie werden immer weiter zerstört, bis es zu einem absoluten Insulinmangel kommt. Diese Form entwickelt sich meist im Jugendalter zwischen dem 10. und 15. Lebensjahr. Die Betroffenen müssen sich für den Rest ihres Lebens das fehlende Insulin von außen besorgen und auf eine gesunde Lebensweise achten, um weitere Folgeschäden zu vermeiden. Typ 1 ist demnach eine Autoimmunerkrankung.

Die an Typ1 erkrankten Menschen müssen sich das Insulin in das Unterhautfettgewebe spritzen. Bei einer oralen Einnahme würde die Magensäure das Hormon nämlich zerstören. Diese recht unkomplizierte Therapie sorgt für einen entsprechenden Insulinausgleich im Körper. Patienten besprechen hier die geeignete Dosierung zusammen mit ihrem behandelnden Arzt, damit sie langfristig optimal eingestellt werden kann. So sind dann kaum weitere Einschränkungen im Alltag nötig. Menschen mit Diabetes Typ 1 können demnach fast alles essen und Sport treiben. Jedoch ist eine regelmäßige Kontrolle des Blutzuckerspiegels sehr wichtig.

Typ 2

Bei der Diabetes Typ 2 hingegen herrscht eine sehr starke Insulinresistenz vor, die die Wirksamkeit des Hormons enorm bis gänzlich einschränkt. Das Risiko einer Erkrankung wird durch Bewegungsmangel, Übergewicht und falsche Ernährung verstärkt. Das Insulin wird zwar von der Bauchspeicheldrüse freigesetzt, doch ist es nicht mehr in der Lage, die Zellen für die Glukose zu öffnen. Die Insulinproduktion wird im Prozess zwar vorerst gesteigert, jedoch nach einigen Jahren des Mangelerfolges stark verringert. Ändern die Betroffenen ihren Lebensstil nicht, kann sich aus einer Typ 2 Erkrankung auch eine Typ 1 Form entwickeln. Diabetes Typ 2 ist also noch heilbar, Typ 1 nicht (mehr).

Hatten einst überwiegend ältere Menschen mit dieser Form der Zuckerkrankheit zu kämpfen, entwickelt sich die Stoffwechselkrankheit heutzutage auch bei Jugendlichen und jungen Erwachsenen. Das geht mit einem sehr ungesunden Lebensstil einher, der durch falsche Ernährung zum Übergewicht führt. Durch den zusätzlichen Bewegungsmangel verbrauchen die Muskeln dann kaum Blutzucker als Energie, was eine Insulinresistenz beschleunigt. So wird Diabetes Typ 2 auch oft „angefutterte Erkrankung" genannt, die aber auch durch erbliche Veranlagung verstärkt wird.

Es lässt sich also gut erkennen, dass die Zuckerkrankheit eine Erkrankung des Energiestoffwechsels und Folge eines Energiemangels in den Körperzellen ist.

Symptome bei erhöhtem Blutzucker

DIABETES ERKENNEN

Hauptanzeichen einer Diabetes-Erkrankung sind:

- eine erhöhte Urinausscheidung
- Harnzucker
- sehr starker Durst
- Müdigkeit
- Abgeschlagenheit,
- Hautveränderungen

- Juckreiz

- Sehstörungen

- schlechte Wundheilung und

- starker Gewichtsverlust

Werden diese Symptome nicht ernst genommen, kann es zu weitreichenden Spätfolgen wie Nierenversagen, Herz-Kreislauf-Problemen und Nervenstörungen für Betroffene kommen.

Die gute Nachricht hierbei ist aber: Normalisieren sich die Blutzuckerwerte wieder, klingen auch die Anzeichen ab.

GRÜNDE UND URSACHEN

Eine Diabetes-Erkrankung kann folgende Auslöser haben:

- genetische Ursachen

- Adipositas/Übergewicht

- zu wenig Bewegung

- Insulinmangel

- beeinträchtigte Herstellung wichtiger Darmhormone

Beim genauen Blick auf den Blutzuckerspiegel wird deutlich, dass das Insulin der Hauptschlüssel ist und die jeweiligen Zellen für die Glukose öffnet. Doch es kommt auch noch ein anderes Hormon zum Einsatz – das Glukagon. Es ist eine Art Gegenhormon, das wirkt, wenn das Blut eine zu geringe Menge an Zucker aufweist. Dies ist bei einem niedrigen Blutzuckerspiegel der Fall. Glukagon wird dann von der Bauchspeicheldrüse ausgeschüttet und trägt dazu bei, dass Zucker von der Leber ins Blut transportiert wird. Dadurch wird eine Unterzuckerung verhindert. Dieser Prozess der beiden Hormone sorgt für eine optimale Versorgung und stellt den normalen Blutzuckerablauf bei gesunden Menschen dar.

Eine Diabetes-Erkrankung, speziell der Typ 2, entwickelt sich eher schleichend und ist meist ein Prozess über viele Jahre. Anfänglich ist von der beginnenden Insulinresistenz noch nichts zu merken, da die Bauchspeicheldrüse ausreichend Insulin produziert. Doch das verändert sich im Laufe der Zeit und die Muskelzellen, die Leber und das Fettgewebe werden widerstandsfähiger. Somit gelingt es dem Hormon bald nicht mehr, den Zucker in die Zellen zu transportieren. Die Bauchspeicheldrüse reagiert und versucht, das auszugleichen, indem vermehrt Insulin produziert. Doch nach jahrelanger, mehrfacher, erfolgloser Überproduktion lässt die Funktion der Zellen immer mehr nach, bis sie schließlich komplett zum Stillstand kommt. In diesem Stadium müssen sich die Erkrankten das Hormon Insulin nun spritzen. So entwickelt sich aus einem anfänglich leichten Insulinmangel, den die Betroffenen noch mit Sport und gesunder Ernährung regulieren können, ein absolutes Fehlen des energieumwandelnden Hormons. Das führt dazu, dass die Blutzuckerwerte steigen und der Spiegel regelmäßig kontrolliert werden muss.

Außerdem kann auch eine fehlende und zu geringe Herstellung bestimmter Darmhormone zu Diabetes führen. Dies ist beispielsweise bei dem GLP-1-Hormon der Fall, dessen Mangel auf einen gestörten Zuckerstoffwechsel hindeutet. Es hat eine enorm regulierende Wirkung auf den Blutzuckerspiegel und regt die Bauchspeicheldrüse dazu an, Insulin zu produzieren. Gleichzeitig wirkt es dabei gegen die Glukagon-Produktion und verhilft zu einem sättigenden Gefühl.

Wenden wir uns nun der Nierenfunktion zu, die an der Glukoseproduktion, der Verwertung, dem Transport und der Zurückgewinnung aus dem Harn beteiligt ist. Das ist ein entscheidender Faktor, denn diese Zurückgewinnung ist ein sehr wichtiger

Mechanismus, weil eine Ausscheidung des Blutzuckers im Harn verhindert wird. Passiert das, verliert der Körper nämlich einen wertvollen Energielieferanten, der die Körperfunktionen aufrechterhält. Da bei Diabetes eine Übermenge an Zucker besteht, kommt noch hinzu, dass die Rückgewinnung des Blutzuckers erhöht ist. Die Ursache liegt darin, dass das Protein SGLT 2, das für den Transport zuständig ist, vermehrt auftritt.

Auf die richtige Ernährung kommt es an

GUTE UND SCHLECHTE LEBENSMITTEL

Unsere Nahrung enthält drei Hauptnährstoffe – Kohlenhydrate, Fette und Eiweiße, die alle der Energiegewinnung dienen. Mit zusätzlichen Vitaminen und Mineralstoffen sowie Pflanzenstoffen wird unser Körper mit wertvollen Nährstoffen versorgt, die sehr wichtig für einen funktionierenden Stoffwechsel und allerhand innerer Abläufe sind. Auch der Blutzuckerspiegel wird maßgeblich über die Nahrung beeinflusst. Daher sollten Sie Ihre

Lebensmittel mit Bedacht auswählen und auf vollwertige und organische Kost setzen.

Bedenken Sie: Fette sind für unseren Organismus unverzichtbar und wahre Energiespender. Doch es kommt auf die Fettart und die Portionen an. Es gibt die gesunden Fette, die sich hauptsächlich in pflanzlichen Produkten finden und es gibt ungesunde Fette, zu denen die tierischen Fette gehören. Sie schädigen das Herz-Kreislauf-System und sind eher in Maßen zu genießen. Werden zu viele Fette aufgenommen, kann daraus Übergewicht entstehen, denn der Kaloriengehalt ist um ein Vielfaches höher als bei Eiweißen und Kohlenhydraten.

Ein essentieller Faktor ist es, viel Wasser zu trinken. Es ist lebensnotwendig und an den zahlreichen Körperfunktionen beteiligt. Wasser transportiert all die wichtigen Nährstoffe, sorgt für ein gesundes Verdauungssystem und unterstützt bei der Blutbildung und -regulierung. Die ausreichende Wasserzufuhr ist daher enorm wichtig.

Gute Lebensmittel

Es gibt eine Vielzahl von wertvollen Produkten, die Sie in die tägliche Ernährung integrieren können, um Ihren Körper beim Senken des Blutzuckerspiegels zu unterstützen. Allgemein betrachtet kommt es auf eine vollwertige Mischkost und viele pflanzliche Lebensmittel, frisches Gemüse, Hülsenfrüchte und fettarme Milchprodukte an. Diese Zutaten sind eine perfekte Grundlage für eine ausgewogene und gesunde sowie blutzuckerregulierende Ernährung.

Mit den folgenden Nahrungsmitteln schonen Sie Ihre Bauchspeicheldrüse und füllen Ihre Energiespeicher gesund auf.

Knoblauch

Knoblauch ist ein bewährtes Naturheilmittel und hat eine gesundheitsfördernde Wirkung auf die Blutgefäße. Er kann in vielen verschiedenen Bereichen eingesetzt werden, bei Erkältungen, um den Cholesterinspiegel zu verbessern, er vermindert das Schlaganfallrisiko und trägt dazu bei, das Krebsrisiko für Darm und Prostata zu senken. Und nicht nur das – Knoblauch senkt erwiesenermaßen den Blutzuckerwert, hemmt Entzündungen und reduziert den Blutdruck. Ein wahres Superfood! Bei regelmäßigem Verzehr unterstützen Sie also Ihren Körper und regulieren effektiv den Zuckergehalt.

Linsen

Linsen senken nachhaltig den Blutzuckerspiegel. Sie gehören zu der Gattung der Hülsenfrüchte und werden langsam verdaut, das hilft, um das Insulin zu regulieren. Der Insulinspiegel steigt nicht so stark an, wie nach zucker- und kohlenhydratreichen Lebensmitteln. Der hohe Eiweißgehalt hat ebenfalls eine positive Auswirkung. Er regt die kurzkettigen Fettsäuren an, um einen schon bestehenden, erhöhten Blutzucker zu senken. Studien belegen, dass bei Halbierung einer üblichen Portion an Kartoffeln oder Reis und einer Ergänzung derselben mit Linsen, der Blutzucker um 25 bis 35 Prozent gesenkt werden kann. Linsen sind also wunderbar als Beilage geeignet, die nicht nur gut schmeckt, sondern auch gesundheitsbringende Erfolge liefert.

Fettreicher Fisch

Frischer Fisch ist reich an den wertvollen Omega-3-Fettsäuren, die gut für das Herz sind. Sie schützen die Blutgefäße, verringern Entzündungen und erhalten eine gesunde Funktion der Arterien nach dem Essen. Somit ist bei regelmäßigem Verzehr von fettreichem Fisch das Risiko, einen Herzinfarkt zu erleiden, deutlich verringert. Auch die enthaltenen hochwertigen Eiweiße sorgen für eine gute Gehirnleistung. Ein echtes

Powerfood also. Besonders viele Omega-3-Fettsäuren erhalten vor allem Kaltwasserfische wie Makrelen, Lachs, Thunfisch, Hering oder Sardinen. Diese sollten wöchentlich auf Ihrem Speiseplan stehen.

Blumenkohl

Blumenkohl ist eine wahre Geheimwaffe gegen hohen Blutzucker und dient der optimalen Vorbeugung. Die vielen enthaltenen Nähr- und Ballaststoffe fördern die Allgemeingesundheit, stärken das Herz-Kreislauf-System und zudem ist Blumenkohl reich an Vitaminen. Blumenkohl ist mit wertvollem pflanzlichem Protein ausgestattet und enthält dabei nur wenig Fett. Seine entzündungshemmende und antioxidative Wirkung kommt beim Kampf gegen zahlreiche Krankheiten zum Einsatz. Die Omega-3-Fettsäuren reduzieren das schlechte Cholesterin und beugen somit Herzbeschwerden vor. Das enthaltene Vitamin C und Kalium regulieren zusammen den Zuckerhaushalt und wirken sich sehr positiv auf den Stoffwechsel aus. Halten Sie daher Ihre Kaliumwerte stets hoch, denn ein Kaliummangel und niedrige Kaliumwerte fördern Diabetes.

Zimt

Zimt ist ein wahres Wundergewürz und besitzt eine enorme Wirkung auf die Reduzierung des Nüchternblutzuckers. Dies kommt besonders durch die Zusammensetzung der wasserlöslichen Polyphenole, der Zimtsäure und Zimtaldehyde sowie des Zimtöls zustande. Labortests ergaben, dass sich damit der Wert des Blutzuckers um bis zu 30 Prozent senken lässt. Und nicht nur das, auch die Cholesterinwerte verbessern sich.

Bauen Sie das schmackhafte Gewürz also in Ihre tägliche Ernährung mit ein. Es gibt sehr viele leckere Gerichte, nicht nur zur Weihnachtszeit, die sich damit verfeinern lassen. Hierbei sollte es aber nicht mehr als ein Teelöffel sein, eine geringe Menge reicht schon aus, um ihren Stoffwechsel anzukurbeln und dem Körper zu helfen, Zucker schneller aufzunehmen. Aufgrund des hohen Cumarin-Gehaltes könnte eine zu hohe Dosis Nebenwirkungen verursachen.

Chaga Tee

Der seltene Heilpilz liefert einen kraftvollen Wirkstoffmix aus entzündungshemmenden, antioxidativen und blutzuckersenkenden Vitalstoffen und kurbelt, auf schonende Weise, die Insulinproduktion der

Bauchspeicheldrüse wieder an. Sogar die Entzündungsstoffe, die im Fettgewebe produziert werden, gehen nachweislich zurück. Somit sagen Sie Diabetes mit der Kraft der Natur den Kampf an. Schon nach kurzer Einnahmezeit spüren Sie eine deutliche Verbesserung, stärken Ihr Immunsystem und unterstützen die Leber beim Reinigen des Blutes. Ihr Körper kommt wieder in ein natürliches Gleichgewicht und der Zuckergehalt pendelt sich bei einem gesunden Wert ein.

Trinken Sie täglich ein bis zwei Tassen Chaga Tee. Idealerweise nehmen Sie die erste Tasse direkt morgens nach dem Aufstehen auf nüchternen Magen ein. Innerhalb von vier bis sechs Wochen sinken die Blutzuckerwerte auf einen Normalwert. Der positive Nebeneffekt ist, dass Sie leistungsfähiger sind und mehr Energie bekommen.

Aloe Vera

Bekannt als wirksame Schönheits- und Hautpflege, besitzt der Saft der Heilpflanze zudem eine positive Auswirkung auf den Blutzuckerspiegel. Besonders die enthaltenen Glucomannane lösen den blutzuckersenkenden Effekt aus. Der regelmäßige Verzehr fördert die Nieren- und Darmfunktion sowie die Giftstoffentfernung aus dem Organismus. Es beseitigt dabei auch überschüssige Glukose aus dem Blut.

Schon mit täglichen 5 bis 15 ml Aloe-Vera-Saft eines frischen Blattes verbessern und reduzieren Sie die Blutzuckerwerte.

Brennnessel

Die Blätter und Stiele der Pflanzen senken ebenfalls den Blutzuckerspiegel. Brennnesseln können Sie in Form von Tees, Tinkturen, in Smoothies gemixt und als Nahrungsergänzungsmittel wunderbar in Ihre tägliche Ernährung miteinbeziehen.

Bittermelone

Der Pflanzenextrakt dieses Kürbisgewächses hat eine erhebliche Wirkung auf den Blutzuckerspiegel. Besonders die enthaltenen Phytosterine sind beim Senken des Blutzuckerwertes maßgeblich beteiligt. Schon geringe Mengen der gebratenen Bittermelone senken den Blutzuckerspiegel. Somit ist sie eine sehr gute therapeutische Begleitung für jeden Tag.

In der asiatischen Küche wird die Bittermelone als Gemüse zahlreich eingesetzt. Um den bitteren Geschmack zu minimieren, wird die reife Frucht geschnitten und mit Salz mariniert.

Olivenöl

Olivenöl, und zwar das extra-native, hat einen wunderbaren Effekt auf die Herzgesundheit und senkt Ihren Blutzuckerspiegel. Die enthaltene Ölsäure und die ungesättigten Fettsäuren helfen ebenfalls dabei, den Cholesterinwert zu verbessern. Die mediterrane Ernährung mit reichlich Olivenöl soll das Diabetesrisiko um 40 Prozent reduzieren. Daher sind Pestos sehr geeignet, die – in Kombination mit Nüssen und Kernen – das Risiko nochmal um weitere 15 Prozent sinken lassen. Olivenöl hat aufgrund der reichen Menge an Polyphenol einen enormen Sättigungseffekt.

Grünes Blattgemüse

Grünes Blattgemüse um Mangold, Grünkohl, Spinat und Co. ist reich an Calcium, Vitamin C, Magnesium und Ballaststoffen. Sie liefern dem Körper gesunde Nährstoffe und dafür kaum Kalorien, Kohlenhydrate und nur eine ganz geringe Menge an Zucker. Der Verzehr von grünem Gemüse macht zudem langanhaltend satt, was sich wiederum positiv auf den Blutzucker auswirkt. Die enthaltenen Antioxidantien schützen den Körper zudem vor freien Radikalen. Somit sollten frische grüne Salate auf Ihrem täglichen Speiseplan stehen.

Chiasamen

Viele Ballaststoffe und wenig Kohlenhydrate – genau das richtige Lebensmittel für die Blutzuckerregulierung. En richtiges Superfood für Diabetiker! Der Verzehr von Chiasamen führt zu einem geringeren Insulinspiegel, der wiederum den Blutzucker senkt und dabei helfen kann, Körperfett zu reduzieren. Die Samen besitzen die Fähigkeit, die Verdauung durch ihre gelartige Beschichtung zu verlangsamen. Sie verhindern so ein Ansteigen des Blutzuckerspiegels. Auch beim Abnehmen kann Ihnen Chia helfen, denn durch die verlangsamte Verstoffwechselung werden Hungergefühle reduziert, da Ballaststoffe eine lange Zeit den Magen füllen und sättigen.

Eier

Eier wirken sich sehr positiv auf den Blutzuckerspiegel aus. Bei einem täglichen Verzehr reguliert sich nicht nur der Blutzuckerwert, sondern auch der Blutdruck und die Blutfettwerte verbessern sich und somit auch die Insulinproduktion. Nehmen Sie also jeden Tag zwei ganze Eier zu sich und Sie senken auf leckere Weise Ihren Blutzucker. Vor allem die zahlreichen Nährstoffe im Eigelb sind Auslöser für die vielen Gesundheitsvorteile.

Kurkuma

Die gelbe Wurzel ist schon lange für ihre zahlreichen Heilwirkungen bekannt. Kurkuma wirkt entzündungshemmend und entgiftend. Das Gewürz ist wichtiger Bestandteil in asiatischen Gerichten sowie in der ayurvedischen und traditionell chinesischen Medizin. Der besondere Inhaltsstoff, das Kurkumin, senkt nachweislich den Blutzucker und verbessert die Insulinempfindlichkeit der Zellen. Da es alleine schlecht vom Körper aufgenommen werden kann, empfiehlt sich die Einnahme zusammen mit schwarzem Pfeffer. Das indische Superfood fördert die Herzgesundheit und verbessert die Nierenfunktion.

Leinsamen

Sehr gesundes Lebensmittel, das die Blutzuckerwerte sinken lässt und Sie zudem vor Schlaganfällen und Herzkrankheiten schützt. Der hohe Gehalt an Ballaststoffen verlangsamt den Anstieg des Blutzuckerwertes, verbessert deutlich die Insulinsensitivität und fördert die Darmgesundheit. Dieses unglaublich starke Essen sollten Sie also unbedingt öfter in Ihren Speiseplan einbauen. Ins Müsli oder in den Smoothie gemixt, zaubern Sie sich ganz leicht und schnell eine leckere Mahlzeit mit den gesundheitsfördernden Samen.

Nüsse

Nüsse enthalten wenig Kohlenhydrate, dafür aber umso mehr Ballaststoffe. Ein regelmäßiger Verzehr wirkt entzündungshemmend und senkt den Blutzucker. Sie werden körperlich fitter und mindern die Insulinwerte, was zu einer Gewichtsreduzierung führen kann. Das alles geschieht durch die ungesättigten Fettsäuren, die in den Nüssen enthalten sind. Walnüsse, Pistazien, Mandeln und Co. stecken voller wertvoller Nährstoffe. Mit einer Handvoll Nüsse jeden Tag fördern Sie optimal Ihre Gesundheit.

Apfelessig

Apfelessig ist schon seit langer Zeit ein bewährtes blutzuckersenkendes Lebensmittel, das weniger als ein Gramm Kohlenhydrate pro Esslöffel enthält. Er verbessert deutlich die Insulinsensitivität. Bei einem gemeinsamen Verzehr mit Kohlenhydraten vermindert Apfelessig den Anstieg des Blutzuckers um ganze 20 Prozent. Außerdem bestätigen viele Studien langanhaltende gesundheitliche Vorteile. Apfelessig verlangsamt zudem die Magenentleerung, Sie fühlen sich also länger satt. Ein unverzichtbarer Helfer bei Diabetes. Er aktiviert außerdem die Verdauung. Wer von Ihnen mit einem hohen Cholesterinspiegel zu kämpfen hat, kann mit der regelmäßigen Einnahme von Apfelessig einen spürbar positiven Effekt bemerken. Die basischen Mineralien Kalium und Magnesium tragen sehr zur Energiegewinnung bei, indem sie verstoffwechselt werden. Trotz des sauren Geschmacks hilft Apfelessig dabei, den Körper basisch zu halten.

Verrühren Sie am besten einen Esslöffel Apfelessig in einem Glas Wasser. Die Dosis sollte nicht auf mehr als zwei Esslöffel ansteigen. Für alle, die es etwas süßer mögen, kann ein kleiner Löffel Honig das Getränk verfeinern.

Sie können Gemüse und Fleisch beispielsweise in einer Apfelessig-Kräuter-Öl-Marinade anbraten, dann werden die Speisen bekömmlicher und sehr viel zarter.

Shirataki Nudeln

Diese kalorienfreien Power-Nudeln mit einer durchscheinenden Optik sind sehr zu empfehlen und eignen sich wunderbar bei der Behandlung eines zu hohen Blutzuckers. Die enthaltenen Glucomannanen, die aus der Konjak-Wurzel gewonnen werden, bewirken, dass Sie sich länger satt fühlen. Der Zucker gelangt zudem viel langsamer in den Blutkreislauf. Die Darmflora wird ebenfalls unterstützt, da die Glucomannanen als wertvolle Nahrung der Darmbakterien gelten. Sie haben zudem einen sehr positiven Effekt auf Ihre Herzgesundheit. Die Japaner schätzen schon lange die Kraft dieser Nudeln, sie sind ein wichtiger Bestandteil der japanischen Küche. Probieren auch Sie diese Wundernudeln und spüren Sie schon nach kurzer Zeit eine deutliche Verbesserung.

Shirataki Nudeln werden feucht abgepackt und sind schon vorgekocht. Beim Auspacken mag Ihnen vielleicht ein fischartiger Geruch entgegenkommen, dieser entsteht aus der Konjak-Wurzel und verschwindet rasch beim Zubereiten. Ersetzen sie den Reis in asiatischen Gerichten durch eine Portion dieser Nudeln, ergänzen Sie Gemüse und reichlich Sauce.

Erdbeeren

Die leckeren Früchte unterstützen Ihren Körper tatkräftig dabei, den Insulin- und Blutzuckerspiegel zu senken. Die enthaltenen Antioxidantien reduzieren den Anstieg der Werte nach einer eingenommenen Mahlzeit und besitzen noch weitere positive Auswirkungen auf den Organismus. Sie mindern das Risiko für Herzkrankheiten und halten den Cholesterinspiegel auf einem gesunden Level.

Apfel

Aufgrund des hohen Pektingehaltes in Äpfeln wirken sie sich sehr positiv auf den Blutzucker aus. Die Ballaststoffe verlangsamen den Anstieg des Blutzuckerspiegels und eignen sich daher wunderbar bei einer Diabetes-Erkrankung oder aber auch zur effektiven Vorbeugung. Laut Studien reichen drei Stück am Tag aus, roh oder gekocht, um ihre ganze Wirkung als Blutzucker-Senker zu entfalten. Sie lassen sich wunderbar mit Zimt zubereiten, ins Müsli mixen und können zudem anderen Speisen beigemischt werden.

Rhababer

Ein sehr effektives Lebensmittel beim Senken des Blutzuckerspiegels ist definitiv der Rhabarber-Extrakt. Er gilt als sehr antidiabetisch und verbessert deutlich die Glukosetoleranz. Ausschlaggebend dafür ist besonders der enthaltene Kohlenwasserstoff Rhapontizin. Probieren Sie sich mit dieser wertvollen Pflanze aus und bereiten Sie beispielsweise Kompott oder einen frischen Saft zu, der Sie wöchentlich begleitet.

Ingwer

Ingwer ist nicht nur ein Superfood, sondern auch ein absolutes Must-Have bei der Blutzuckerregulierung.

Das enthaltene Gingerol steigert nachweislich die Insulinsensitivität und unterstützt die Glukoseaufnahme in die Muskelzellen. Außerdem hat die Superwurzel noch viele weitere positive Effekte auf die Gesundheit und Ihren Organismus. Aufgrund der zahlreichen Scharfstoffe hemmt Ingwer Entzündungen und fördert eine gesunde Darmfunktion. Wer außerdem unter erhöhten Blutfettwerten leidet, kann auch diese mit Ingwer senken und somit Folgeerkrankungen vorbeugen.

Heidelbeeren

Die kleinen Früchte sind wahre Gesundheitswunder und sollten bei einer ausgewogenen und blutzuckersenken Ernährung unbedingt auf dem Speiseplan stehen. Besonders der enthaltene Pflanzenstoff Anthocyane ist vorrangig an der Regulierung beteiligt. Er kurbelt zudem die Fettverbrennung an. Je dunkler die Früchte, desto besser. Brombeeren und schwarze Johannisbeeren sind außerdem absolute Antioxidantien-Spitzenreiter. Genießen Sie also öfter eine Schale mit frischen Beeren!

Braunalge Wakame

Fester Bestandteil der asiatischen Küche, ist auch die Wakame eine heilsame Alge, die den Blutzuckerspiegel unterstützt. Ob als würzige Einlage in Misosuppen, im Salat oder als gekochtes Gemüse – die beliebte Braunalge findet in zahlreichen Gerichten einen verdienten Platz. Der Geschmack mag anfänglich gewöhnungsbedürftig sein, Sie sollten sich dennoch auf die Alge einlassen. Vor allem der antioxidative Stoff Fucoxanthin hat einen Anti-Diabetes-Effekt, da er die Synthese der Omega-3-Fettsäuren in der Leber fördert. Außerdem kurbelt dieser die Fettverbrennung an, was sich ebenfalls sehr positiv auf eine bestehende Diabetes-Erkrankung auswirkt oder zur Vorbeugung dient. Bauen sie also auch diesen Meeresschatz öfter in Ihre Ernährung mit ein.

Bockshornklee

Bockshornklee ist besonders in der ayurvedischen Medizin vertreten und ein großartiges Heilgewürz, das sich auch in der indischen und asiatischen Küche wiederfindet. Der hohe Gehalt an Aminosäuren trägt dazu bei, die Insulinresistenz zu reduzieren und den Blutzuckerspiegel wieder in ein gesundes Maß zu bringen. Auch als Tee entfaltet das Gewürz seine Power-Wirkung.

Gurmar

Gurmar ist ebenfalls ein wirkungsvolles Naturprodukt, mit dem Sie Ihren Blutzuckerspiegel regulieren können. Sie trägt dazu bei, dass die Glukoseaufnahme ins Blut verringert wird, speziell die Aufnahme aus dem Dünndarm. Diese gesundheitsfördernde Pflanze sollten Sie also mal ausprobieren und sich von ihrer Wirkung überzeugen lassen. Sie ist in Apotheken und ausgewählten Reformhäusern erhältlich.

Sojabohnen

Die Sojabohnen haben auch einen wohlverdienten Platz in der Liste der blutzuckersenkenden Lebensmittel. Sie gehören zu den Produkten, die den Blutzuckerspiegel nur ganz langsam ansteigen lassen. Daher eignen sie sich in jeder Phase gut, ob zur gesunden Prävention oder bei einer Diabetes-Behandlung.

Zink und Chrom

Der gesunde Organismus benötigt in ausreichenden Mengen Spurenelemente. Mit Zink und Chrom versorgen Sie Ihren Körper mit wertvollen Nährstoffen, die den Blutzucker effektiv senken und sich spürbar auf Ihr Wohlbefinden positiv auswirken. Eine gute Menge an Chrom findet sich in Vollkornproduktes und

Linsen. Ausreichend Zink nehmen Sie beispielsweise über Sonnenblumenkerne, Haferflocken und Weizenkleie auf. Zwei wahrliche Blutzucker-Regulierer mit kraftvollen Nebeneffekten.

Schlechte Lebensmittel

Vermeiden Sie industriell verarbeitetes Essen, Fertiggerichte und zu viel Zucker. Im Folgenden erhalten Sie eine Liste an Produkten, die Sie von Ihrem Speiseplan streichen sollten. Diese enthalten nämlich eine große Menge an versteckten Zuckerarten, die den Blutzucker rasch in die Höhe steigen lassen und sich negativ auf den Stoffwechsel auswirken.

Stark zuckerhaltiges Obst – Weintrauben, Feigen und Co.

Weintrauben besitzen einen hohen Anteil an Traubenzucker, der ein wichtiger Energielieferant unseres Körpers ist. Dennoch kann eine zu hohe Menge den Blutzuckerspiegel stark in die Höhe treiben und daher sollten Diabetiker und alle, die gesund vorbeugen wollen, dieses Obst nur in Maßen zu sich nehmen, da beim Verzehr ein starker Glukosegehalt gefördert wird.

Feigen sind zwar mit reichhaltigen Mengen an Phosphor und Kalium sehr gesund und zudem kalorienarm, dennoch sind sie auch eine wahre

Zuckerbombe. Daher sollten Sie frische Feigen sowie getrocknete Feigenstücke mit Bedacht genießen.

Weitere Fruchtsorten, die Sie seltener konsumieren sollten, sind Ananas, Wassermelonen, Bananen, Litschi, Kirschen, Mangos und Papayas.

Chips

Die einfachen Kohlenhydrate in Chips lassen den Blutzuckerspiegel schnell ansteigen. Sie lösen eine massive Insulinausschüttung aus, mit der Folge, dass der Blutzuckerspiegel nach kurzer Zeit schon stark fällt und Sie wieder zu zuckerhaltigen Nahrungsmitteln greifen. So entsteht ein wahrer Ess-Teufelskreis. Diese enormen Schwankungen sind für den Körper purer Stress. Und genau diese Stresshormone sorgen für eine Gewichtszunahme.

Kürbis

Kürbis weist für eine Gemüsesorte einen relativ hohen glykämischen Index auf, daher sollten Sie die Menge und Häufigkeit des Verzehrs beschränken. Kürbis treibt den Blutzucker rasant nach oben.

Weißbrot und Teigwaren

In Weißbrot, Croissants, Milchbrötchen und vielen weiteren hellen Teigwaren sind ebenfalls die einfachen Kohlenhydrate zu finden, die den Blutzuckerspiegel stark in die Höhe treiben. Daher sollten Sie kleine Mengen verzehren und, so oft es geht, auf Vollkornprodukte umsteigen. Diese halten Sie länger satt und liefern Ihnen viele wertvolle Nährstoffe.

Trockenobst

Hier steckt viel zu viel Zucker in hochkonzentrierter Form! Meiden Sie Trockenfrüchte wie Rosinen, getrocknete Pflaumen und Mango-Stücke. Diese tragen dazu bei, dass der Blutzuckerspiegel schnell ansteigt.

Käse

Käse ist lecker, Käse ist verführerisch, aber Käse ist vor allem auch fettig. Wenn Sie Ihren Blutzuckerspiegel senken möchten, sollten Sie auch Ihren Verzehr an Käse einschränken. Dennoch dürfen Sie sich natürlich ab und an ein Stück erlauben. Achten Sie dabei auf fettreduzierten Käse und greifen Sie zu Hüttenkäse oder Quark. Ein kleiner Tipp: Schneiden Sie den Käse in hauchdünne Scheibchen, so bekommen Sie vollen Geschmack in Mini-Portionen.

Achtung Kalorienfalle

IN FRUCHTSÄFTEN LAUERT VERSTECKTER ZUCKER

Fruchtsäfte und Fruchtschorlen sind leider keine vitaminreichen Nahrungsmittel und sollten nicht bedenkenlos getrunken werden. In ihnen lauert eine hohe Menge an Zucker und wenig frisches Obst, obwohl es oft den Anschein macht. Greifen Sie immer zu Fruchtsäften, die mit 100% Fruchtgehalt gekennzeichnet sind. Diese enthalten nur ihren eigenen Fruchtzucker und wurden nicht mit weiteren Zuckerarten industriell bearbeitet. Mit einem frisch gepressten Orangensaft sind Sie immer auf der richtigen und vor allem gesünderen Seite.

SAUCEN MIT VORSICHT GENIEßEN

In Fertigsaucen und Würzpasten sind oft versteckte Kohlenhydrate enthalten. Dabei lassen sich ein schmackhaftes Pesto und eine leckere Sauce ganz schnell selber zubereiten. Löschen Sie dafür Gemüse, Fisch oder Fleisch mit Brühe ab und fügen Sie, nach Belieben Gewürze hinzu, die dann zusammen angedünstet werden.

ZURÜCKHALTUNG BEI SEKT, BIER UND CO.

Alkohol ist bekannt für seinen Zucker und hohen Kaloriengehalt. Daher ist er eher zu meiden und mit Bedacht in geringen Maßen zu genießen. Wein und Sekt, auch die trockenen Varianten, aber auch süße Cocktails und Schnäpse sind sehr zuckerreich, lassen den Blutzuckerspiegel schnell ansteigen und tragen dazu bei, dass Sie zunehmen. Und nicht nur das: Durch die Alkoholaufnahme und den späteren Abbau wird der

Transport der Glukose gestört Die Leber ist dann nicht mehr fähig, die Glukose in das Blut zu schicken.

RESTAURANTS, CAFÉS, IMBISSE

Seien Sie bei Ihren Restaurant-Besuchen und Speisen, die Sie bestellen, ruhig wählerisch und fordern Sie eine andere Variante beim Kellner an. In jeglichen Saucen und Speisen, die nicht genau beschrieben sind, lauert meistens versteckter Zucker. Auch bei Aufläufen und Dressings sollten Sie vorsichtig sein. Womit Sie nichts falsch machen können und immer auf der gesunden Seite sind, sind Rohkostsalat, Pute und Hähnchen, Gemüse, Reis und Vollkornprodukte. Mit Essig und Öl überträufelt, zaubern Sie sich Ihr eigenes Dressing, sollten Sie mal Bedenken bei den Angeboten auf der Speisekarte haben. Von Ketchup und zu süßen Teigwaren sollten Sie sich gänzlich verabschieden.

Sorgen Sie am besten auch für genug Proviant für unterwegs, damit Sie vor Überraschungen gefeit sind. So sind Sie keinen Gefahren mit ungewollten Blutzucker-Achterbahnfahrten ausgesetzt, die eh nur puren Stress für Ihren Körper bedeuten. Das lässt sich mit folgenden Tipps ganz einfach vermeiden.

LECKERE TO-GO-SNACKS

Wenn Sie berufstätig oder viel unterwegs sind, ist die Gefahr groß, dass Sie den vielen Versuchungen und süßen Snackangeboten in der City erliegen: Doch auch bei gekauften Snacks lässt sich eine gesunde Auswahl treffen, egal, ob Bäcker, Döner-Bude oder Sushi-Bar. Hierbei ist nur wichtig: Statt Weizenspeisen, immer Vollkornprodukte wählen. Statt Mayo und Ketchup lieber nach Öl und Essig fragen.

GESUNDE VERPFLEGUNG IMMER GRIFFBEREIT IN DER TASCHE

Packen Sie sich am besten, so oft es geht, ein kleines Lunch-Paket für zwischendurch, wenn Sie für längere Zeit unterwegs sind. Hier bieten sich einige Vollkornbrotscheiben an, Möhren, ein Apfel, Ei oder eine Tüte Nüsse. Diese Lebensmittel stärken Sie und schützen vor ungeliebten Heißhungerattacken. Mit einer zusätzlichen Flasche Wasser sind Sie bestens gerüstet. Ausreichendes Trinken mindert das Hungergefühl und ist enorm wichtig für einen gesunden Stoffwechsel. Wenn

Sie der kleine Hunger packt, greifen sie also als Erstes zur Wasserflasche und trinken einen Schluck.

PETRA LANGENSCHEIDT

Blutzucker natürlich regulieren

BEWEGUNG, NATURHEILKUNDE, HOMÖOPATHIE

Sport und ausreichende Bewegung haben einen enormen Einfluss auf den Blutzucker, Ihr gesamtes Wohlbefinden und Körpergefühl. Mit einer regelmäßigen sportlichen Aktivität sagen Sie nicht nur hartnäckigen Fettdepots den Kampf an und schützen sich vor Krankheiten, sondern wirken auch effektiv einem zu hohen Blutzuckerspiegel entgegen. Besonders die Muskeln sind wahre Kohlenhydrat-

Verbraucher und das sogar in Ruhezeiten. Stärken Sie sich daher mit einer kräftigen Muskulatur von außen und auch von innen.

Verändern Sie kleine Routinen in Ihrem Alltag, nehmen Sie beispielsweise, so oft es geht, die Treppe und verzichten Sie öfter auf den Fahrstuhl und die Rolltreppe. Auch ein täglicher Spaziergang, hier reichen 10 Minuten am Tag, steigern Ihr Wohlgefühl und kurbeln den Stoffwechsel an.

Die häufigste Frage, die dann aufkommt, ist die Frage nach der richtigen und effektivsten Sportart. Wählen Sie eine Sportart aus, die Ihnen Spaß macht und Sie nicht schon bei dem Gedanken daran, frustriert und in Stress versetzt. Sie sollte zu Ihnen passen und sich regelmäßig in Ihren Alltag integrieren lassen. Lieben Sie die Natur? Dann gehen Sie wandern, walken oder fahren Sie Fahrrad. Mögen Sie lieber Bewegung in Kombination mit Musik? Dann sind Tanzen und rhythmische Gymnastik vielleicht etwas für Sie. Wer es eher entspannter und ruhiger haben möchte, liegt bei Yoga, Pilates und Tai Chi richtig. Probieren Sie sich aus und entdecken Sie Ihre Stärken!

Neben zahlreichen Medikamenten bietet vor allem die alternativ-medizinische Homöopathie eine gute Unterstützung bei der Behandlung von Diabetes Typ 2.

Eine unterstützende Therapie mit Globuli bei Diabetes sollte dabei aber nicht als Selbsttherapie erfolgen, sondern immer vorab von einem Homöopathen oder einem Arzt mit homöopathischer Zusatzausbildung angeordnet werden.

Die Kraft der Homöopathie

Homöopathische Hilfsmittel begleiten Sie nicht nur während einer begonnenen Diabetes-Therapie, sondern schützen Sie auch vor einem Ausbruch. Die folgenden Medikamente eignen sich wunderbar und stärken Ihren Stoffwechsel.

Propolis D 12

Ein effektives Präparat für die gesunde Funktion der Bauchspeicheldrüse. Der Blutzuckerspiegel wird unterstützend reguliert.

Datisca cannabina D2

Für alle Betroffenen mit Übergewicht und einem zu hohen Blutzucker! Ein bewährtes Medikament, das Ihre Therapie erfolgreich ergänzt.

Syzygium jambolanum D2

Leiden Sie unter einem unangenehmen Hautausschlag, zusammen mit hohen Blutzuckerwerten? Dann könnte dieser Wirkstoff Sie bei Ihrer Therapie begleiten. Zusätzlicher Nebeneffekt: Er mindert das Hitzegefühl.

Es gibt noch zahlreiche weitere Therapieformen, die mit der Kraft der Natur für eine erfolgreiche Behandlung gegen Diabetes und zu hohen Blutzucker eingesetzt werden können. Sehr zu empfehlen sind die Traditionelle Chinesische Medizin, kurz TCM, und die Akupunktur. Sie unterstützen die Energiebahnen und -zentren im Körper. Auch die etwas neuere Heilpilz-Therapie, die sogenannte Mykotherapie, erfreut sich immer größerer Beliebtheit. Hier senken Vitalpilze den Blutzucker.

Pflanzliche Helfer

Es gibt eine Reihe nützlicher Pflanzen, die dabeihelfen, den Blutzucker effektiv zu senken. Die Anwendung solcher Heilpflanzen soll eine begonnene Diabetes-Therapie nicht ersetzen, kann sie aber auf sehr positive Weise beeinflussen.

Gymnapflanze

Das ist wahre Power aus Indien! Die Gymnapflanze ist ein beliebtes Treatment mit einem einzigartigen Effekt auf geschädigte Zellen. Sie regt und belebt kranke Zellen wieder an, mit Hilfe der Asclepiadacaesäure. So sind die Zellen wieder motiviert, Insulin zu produzieren.

Kletterrebe

Die Kletterrebe ist ein wunderbarer Treibstoff, um die müden, insulinproduzierenden Zellen wieder mit Leben zu versorgen. Sie stoppt zusätzlich den Blutzucker, der vor allem nach dem Verzehr ansteigt. Sie übernimmt eine Art Bremsfunktion und trägt wunderbar zum Senken bei, auf schonende Weise. Nicht ohne Grund ist sie seit langer Zeit ein beliebtes Mittel in der ayurvedischen Heilkunst.

Kaktusfeige

Sie ist ein bewährtes Produkt bei zu hohen Cholesterinwerten und verlangsamt deutlich den Blutzuckeranstieg. Besonders nach dem Essen können die Werte rasant in die Höhe schießen und genau darauf hat die Kaktusfeige einen positiven Effekt.

Coccinia indic

Eine Kraftpflanze aus der ayurvedischen Heilmedizin! Die Coccinia indica senkt den Blutzuckerspiegel und kann somit als unterstützende Begleit-Therapie eingesetzt werden. Die indische Pflanze weist aber noch weitere gesundheitsfördernde Wirkungen auf: Sie verringert die Insulinresistenz und kurbelt einen wohltuenden Stoffwechsel an.

Stevia

Stevia kennen mittlerweile schon viele Menschen und sie wird in vielen Bereichen als alternative Zuckerart eingesetzt. Der Strauch liefert mit seinen Blättern eine blutzuckerregulierende Möglichkeit, den gewöhnlichen Zucker zu ersetzen. Davon profitiert jeder – egal, ob Sie mitten in der Diabetes-Therapie stecken oder effektiv vorbeugen wollen. Sie hat außerdem positive Auswirkungen auf das Senken des Bluthochdrucks.

Vermeiden Sie Stress

Dieser Faktor ist nicht zu unterschätzen. Stress lässt den Blutzuckerspiegel ansteigen und sollte daher, so gut es geht, vermieden werden. Planen Sie daher tägliche Entspannungsübungen ein. Schon eine kleine Auszeit hilft Ihrem Körper, mit täglichen Belastungen besser umgehen zu können und sie auszubalancieren. In stressigen Situationen greifen wir alle gern mal unüberlegt zu Süßigkeiten und Fertigprodukten, die leider nicht zu unserem Wohlbefinden beitragen, sondern dick machen und uns, nach kurzer Zeit, wieder ein Hungergefühl bescheren.

Achten Sie außerdem auf Ihren wohlverdienten Schlaf. Dieser trägt auch zur Minderung von Stress und innerer Unruhe bei. Wie wäre es mit einer abendlichen Meditation vor dem Schlafengehen? Beginnen Sie in kleinen Schritten und nehmen Sie sich bewusst fünf Minuten Zeit, den Tag ausklingen zu lassen. Konzentrieren Sie sich auf Ihre Atmung und lassen Sie weitestgehend von allen Gedanken des Tages ab. Sie haben Ihr Bestes getan, nun können Sie in Ruhe wieder auftanken. Sie werden entspannter einschlafen.

Es ist auch zu empfehlen, ins Innere zu schauen und einen Blick auf die eigene Lebenseinstellung zu wagen. Unsere Tiefe verrät oft sehr gut, was der wirkliche Grund für langanhaltende Störungen des Stoffwechsels ist. Ignorieren Sie diesen Bereich nicht. Viele Diabetes-Betroffene leiden an Depressionen, Angstzuständen, Selbstzweifeln und einem gestörten Schlafrhythmus. Daher können eine Insulinresistenz und zu hohe Zuckerwerte auch der Ausdruck des Körpers sein, der ihnen zeigen will, dass etwas auf Seelenebene nicht stimmt. Somit sollte bei einer erfolgreichen Behandlung immer auch die Stärkung der Psyche mit einbezogen werden.

Richtig messen – gewusst wie

D er Glukosegehalt im Blut ist keine steife Größe, denn es kommt zu erheblichen Schwankungen im Laufe des Tages. Morgens ist er üblicherweise sehr niedrig, weil wir über Nacht nichts essen. Er steigt aber nach jedem Verzehr deutlich an. Und nicht nur das – auch jede einzelne Bewegung und körperliche Aktivität hat Einfluss auf den Blutzuckerwert. Viele von Ihnen kennen das sicher, wie unterzuckert Sie sich nach einer körperlichen

Anstrengung fühlen und dann möglichst zügig Energie brauchen.

Dieser Umstand ist ausschlaggebend dafür, warum ein einzelner Test nicht ausreicht und Sie sich mehreren Messungen unterziehen müssen, bis festgestellt werden kann, ob Ihr Blutzuckerspiegel zu hoch oder zu niedrig ist.

Die Blutuntersuchungen können mit Blutzuckermessgeräten auch ganz einfach zu Hause durchgeführt werden. Der Wert, in dem der Zuckergehalt im Blut angegeben wird, ist Milligramm pro Deziliter oder Millimol pro Liter.

Im Idealfall liegen die Zuckerwerte auf nüchternem Magen nicht über 110 Milligramm pro Deziliter. Nach einer Mahlzeit sollten diese nicht auf über 140 Milligramm pro Deziliter ansteigen. Folgende Blutzuckerwerte zeigen eine mögliche Diabetes-Erkrankung an:

• der gemessene Nüchternblutzucker beträgt oder überschreitet 126 Milligramm pro Deziliter

• sollte der Nüchternblutzuckerwert über 100 Milligramm pro Deziliter liegen und nach der Mahlzeit über 140, ist das ein Hinweis auf eine gestörten Glukosetransport der Zellen, der zu einer Diabetes 2 werden könnte

WIE MESSE ICH AM BESTEN?

Notieren Sie Ihre Blutzuckerwerte sorgsam und führen Sie Buch darüber. Eine detaillierte Dokumentation hilft nicht nur Ihnen, sondern auch Ihrem behandelnden Arzt. Nach jeder Messung sollten Sie folgende Angaben aufschreiben:

- Datum und Uhrzeit
- Blutzuckerwert
- die jeweilige eingenommene Mahlzeit mit der Lebensmittelangabe
- (Dosis des gespritzten Insulins)
- Notizen zu Ihrer sportlichen Aktivität, körperlichen Bewegung

Die gespeicherten Daten können bei einem Arztpraxis-Besuch mit einer Computersoftware ausgelesen werden. So arbeiten Sie effektiv mit Ihrem Hausarzt zusammen und es besteht die Möglichkeit verschiedener statistischer Auflistungen der Blutzuckerdaten. Genau das bietet Struktur und hilft Ihnen, nützliche Zusatzinformationen für eine Verbesserung der Diabeteseinstellung zu gewinnen. Smartphones bieten mittlerweile auch Apps an, die diese Daten ebenfalls speichern können.

ABLAUF EINER BLUTZUCKER-MESSUNG

Mit den folgenden Schritten bekommen Sie eine erfolgreiche Messung. Dieser Ablauf ist für fast alle Blutzuckermessgeräte gleich:

• Waschen Sie sich gründlich die Hände

• Schieben Sie den Teststreifen in das Messgerät

• Piksen Sie sich in den Finger, um einen Bluttropfen zu erhalten

• Halten Sie den Bluttropfen an den Teststreifen

• Nun ermittelt das Messgerät den Blutzuckerwert

• Diesen Blutzuckerwert notieren Sie sich

Es ist übrigens nicht besorgniserregend, wenn zwei nacheinander ausgeführte Messungen schwanken, das ist ganz normal. Es kann dann auftreten, dass nach einem ersten gemessenen Wert von 150 Milligramm pro Deziliter, der zweite Wert bei 140 liegt.

Es ist sehr ratsam, regelmäßige Kontrollen des Blutzuckermessgerätes durchzuführen, um sicher zu gehen, dass es optimal funktioniert. Dafür gibt es spezielle Lösungen.

Kleiner Piks-Tipp: Die Innenfläche des Fingers, die sogenannte Fingerbeere, ist beim Gewinnen des Bluttropfens am besten geeignet. Nehmen Sie die seitliche Fingerbeere, diese ist am unempfindlichsten gegen den Schmerz.

WANN IST DER BLUTZUCKER-WERT ZU NIEDRIG?

Unter bestimmten Voraussetzungen kann der Blutzucker zu niedrig sein:

• Überdosierung des Insulins während der Insulin-Therapie

• Überproduktion von Insulin bei Erkrankung der Bauchspeicheldrüse

• Störung des Hormonhaushaltes durch Unterfunktion der Hypophyse oder der Schilddrüse

• nach übermäßiger körperlicher Anstrengung ohne ausreichende Nahrungszufuhr

• Mangelernährung, die nach übermäßigem Fasten oder bei einer Alkoholabhängigkeit vorliegen kann

• Funktionsstörungen der Leber

• Alkoholgenuss auf nüchternen Magen

Bei einer Unterzuckerung, bei der der Blutzucker-wert um 65 mg/dl beträgt, können folgende Symptome auftreten:

- verminderte Hirnleistung
- Krampfanfälle
- zittrige Hände
- Schweißausbrüche
- Schockzustand

WANN IST DER BLUTZUCKER-WERT ZU HOCH?

In einigen Fällen kann der Blutzuckerwert zu hoch sein, zum Beispiel durch:

- Schilddrüsenüberfunktion
- Diabetes
- Entzündung der Bauchspeicheldrüse, die sogenannte Pankreatitis
- bösartige Tumore an der Bauchspeicheldrüse
- Medikamentennebenwirkung

LECKERE REZEPTE

D a die Ernährung ein zentrales Thema bei der erfolgreichen Therapie hoher Blutzuckerwerte ist, kommen hier ausgewählte Rezeptideen, die nicht nur hervorragend schmecken und Sie mit Energie auffüllen, sondern auch dabei helfen, den Blutzuckerspiegel zu regulieren. Gesund, ausgewogen und farbenfroh. Lassen Sie sich inspirieren, verändern Sie die folgenden Rezepte und Zutaten nach Ihren Vorstellungen und Gelüsten ab, und steigern Sie Ihr Wohlbefinden. Sie werden schnell merken, dass Sie kulinarisch auf nichts verzichten müssen.

Tipp: Starten Sie mit einem ausgewogenen und gesunden Frühstück in den Tag. Nicht ohne Grund lautet es: Der Morgen macht den Tag! Ein reichhaltiges Frühstück mit guten Nährstoffen und wertvollen Ballaststoffen ist die perfekte Grundlage für einen gesunden Blutzuckerspiegel.

POWER-START: MÜSLI MIT BEEREN

Zutaten:

100 g Beerenobst
3 Esslöffel Haferflocken
150 ml Mandel- oder Hafermilch
1 Esslöffel Nüsse, Leinsamen oder Kokosflocken

Zubereitung: Geben Sie die Haferflocken und die frischen oder aufgetauten Beeren in eine Schale und gießen Sie Mandel- oder Hafermilch darüber. Verfeinern Sie das Müsli – je nach Belieben und Geschmack – mit Nüssen, Leinsamen und Kokosflocken.

PETRA LANGENSCHEIDT

BROKKOLI-BLUMENKOHL-CURRY MIT HÄHNCHEN

Zutaten:

200 g Hähnchenbrustfilet
200 g Blumenkohl
200 g Brokkoli
2 Esslöffel Rapsöl
2 Esslöffel Currypulver
200 ml Gemüsebrühe
200 ml Kokosmilch

Die angegebene Menge eignet sich gut für zwei Personen.

Zubereitung: Waschen Sie das Fleisch, danach tupfen Sie es trocken und würfeln es. Jetzt wird das Gemüse gewaschen, geputzt und in kleine Röschen geteilt. Statt frischem Gemüse können Sie auch Tiefkühlgemüse verwenden. Geben Sie Öl in eine Pfanne und erhitzen Sie es. Die gewürfelten Fleischstücke werden circa 2 Minuten darin angebraten, das Gemüse wird nach und nach hinzugefügt. Nun wird das Currypulver untergerührt. Geben Sie die 200 ml Gemüsebrühe und Kokosmilch hinzu und lassen Sie alles für 8-10 Minuten köcheln. Bei Bedarf können Sie das Curry mit wenig Salz abschmecken.

SPINAT-BANANEN-SMOOTHIE

Zutaten:

200 g Spinat
1 Banane
250 ml Apfelsaft
150 ml Wasser

Zubereitung: Alle Zutaten werden miteinander püriert. Wenn Sie einen Hochleistungsmixer haben, können auch gefrorener Spinat und Eiswürfel statt Wasser verwendet werden. Die Menge eignet sich für zwei Portionen.

BLUMENKOHL-PIZZA

Teig-Zutaten:

220 g Blumenkohl
1 Ei
180 g Käse, fettreduziert bis 30%
1 Knoblauchzehe
1 Teelöffel italienische Kräuter
halber Teelöffel Salz

Super: Der Boden besteht aus Blumenkohl und ist somit frei von Hefe und Weizen – die perfekte Grundlage für ein kohlenhydratarmes Gericht!

Zubereitung: Zunächst wird sich um den Blumenkohl gekümmert. Die kleinen Röschen werden zerkleinert, das geht am besten mit einem Standmixer. Der zerbröselte Blumenkohl wird dann für ca. 10 Minuten vorgegart, damit er schön weich wird. Als Nächstes können Sie den Knoblauch klein hacken und mit dem Käse, den Gewürzen und den vorgegarten Blumenkohl-Stückchen vermischen. Geben Sie eine Prise Salz hinzu und verteilen Sie den „Teig" auf dem Backpapier. Nun wird alles für ca. 15 Minuten gebacken.

Belag:

•passierte Tomaten

•nach Wunsch Gemüse, Käse, Putenaufschnitt

Holen Sie den Boden aus dem Ofen und streichen Sie ihn mit den Tomaten ein. Jetzt können Sie nach freiem Belieben belegen: Gemüse oder auch zarte Puten- oder Hähnchenbrustaufschnitte eignen sich sehr gut. Das alles wird dann mit etwas geraspeltem Käse oder auch Gratin-Käse bedeckt und noch einmal für ca. 15 Minuten im Ofen gebacken.

PETRA LANGENSCHEIDT

BROWNIES MIT DATTELN UND KAKAO

Zutaten:

150 g Medjool-Datteln
75 g ungeschälte Mandeln
90 g Walnüsse oder Haselnüsse
50 g Kakao
1 Prise Salz

Die Menge der Zutaten eignet sich für 4 Stücke.

Zubereitung: Ganz ohne Backen! Beginnen Sie mit dem Zerkleinern der Walnüsse bzw. Haselnüsse. Anschließend werden sie gemahlen oder püriert. Hierfür eignen sich ein Mixer, guter Pürierstab oder auch eine Küchenmaschine. Die Mandeln werden ebenfalls klein gehackt. Lassen Sie die entsteinten Datteln kurz in Wasser einweichen und schneiden Sie diese dann in kleine Stücke. Zu den Nüssen geben Sie nun den Kakao und etwas Salz hinzu und vermischen alles miteinander. Stück für Stück können Sie nun die Datteln zu der Mischung hinzugeben und mit dem Mixer zu einer gleichmäßigen Masse verarbeiten. Anschließend kommen die Mandeln hinzu und werden untergerührt. Geben Sie den Teig in eine geeignete Schüssel, kneten Sie ihn leicht ein und stellen Sie ihn für einen Tag in den Kühlschrank. Er sollte 24 Stunden kühl und abgedeckt stehen. Danach können Sie die leckeren Brownies genießen. Guten Appetit!

Kleiner Tipp: Die Brownies kommen ganz ohne Zucker aus, da die Medjool-Datteln von Natur aus eine besondere Süße liefern. Sie sind somit ein sehr guter Honig- oder Zuckerersatz. Sie schmecken wunderbar nach einem Mix aus Karamell und Schokolade.

PETRA LANGENSCHEIDT

MOZZARELLA-OMELETTE MIT GEGRILLTEN TOMATEN

Zutaten:

3 mittelgroße Tomaten
1 Teelöffel Olivenöl
3 Esslöffel Parmesan
½ Teelöffel Kräuter der Provence
½ Kugel Mozzarella, fettreduziert
4 schwarze Oliven
3 getrocknete Tomaten
4 Eier
4 Esslöffel Milch (1,5 % Fett)
½ Teelöffel Paprikapulver
2 Teelöffel Olivenöl
4 Basilikumblätter

Zubereitung: Für die Zubereitung der Grilltomaten eignet sich ein Backofengrill. Den heizen Sie auf 200 Grad vor. Waschen Sie dann die Tomaten und halbieren Sie sie. Die Auflaufform mit etwas Olivenöl einstreichen, die Tomaten zugeben und nochmal mit Olivenöl und etwas Salz versehen. Zum Schluss die Kräuter, Pfeffer und den Käse vermischen und über die Tomaten geben. Nun wird alles für 12 Minuten gegrillt.

Für die Zubereitung des Omeletts nehmen Sie die Mozzarella-Kugel aus der Verpackung und schneiden sie in kleine Stücke. Die getrockneten Tomaten sowie die Oliven schneiden Sie ebenfalls in kleine Scheiben.

Nun wird die Milch mit den Eiern vermischt und mit Salz, Pfeffer und Paprikagewürz gewürzt. Geben Sie sie zu dem Mozzarella, den Tomaten und den Oliven und verarbeiten alles zu einer Masse. Als Nächstes können Sie etwas Öl in einer Pfanne erwärmen und die zubereitete Masse hinzugeben. Für ca. 4 Minuten erwärmen, und dann vorsichtig drehen. Die untere Seite müsste nun bräunlich angebraten sein. Wiederholen Sie das auf der anderen Seite und richten Sie es hübsch auf einem großen Teller an. Streuen Sie Basilikum rüber, legen Sie die gegrillten Tomaten hinzu und genießen Sie dieses leckere Gericht!

SPARGEL-SALAT MIT ERDBEEREN UND NUSSIGEM FETA

Die Kombination aus frischem Spargel, fruchtigen Erdbeeren und nussigem Walnuss-Feta ist ein leckeres Geschmackserlebnis, das wunderbar sättigt.

Zutaten:

250 g grüner Spargel
250 g weißer Spargel
50 g Rucola
1 Esslöffel Rapsöl
500 g Erdbeeren
1 Esslöffel Joghurt, fettreduziert
1 Esslöffel Walnussöl
1 Esslöffel Balsamico bianco
30 g Walnusskerne
120 g Schafskäse
6 Basilikumblätter

Zubereitung: Waschen Sie den Spargel, danach schälen Sie ihn und schneiden ihn in kleine Stücke. Der grüne sowie der weiße Spargel werden nun in einer Pfanne erhitzt und angebraten. Geben Sie etwas Salz hinzu und lassen Sie ihn ca. 8 Minuten köcheln. Bei Bedarf mit Wasser ablöschen. Danach lassen Sie den Spargel abkühlen. Jetzt kümmern wir uns um das Dressing. Dafür pürieren Sie die gewaschenen und halbierten

Erdbeeren mit dem Balsamico und etwas Wasser und würzen sie mit Salz und Pfeffer. Den Joghurt unterrühren. Waschen Sie nun den Rucola und hacken Sie die Walnusskerne klein. Diese werden kurz angeröstet und zum Schafskäse gegeben, der dadurch etwas erwärmt wird. Verteilen Sie nun den fertigen Spargel auf zwei Tellern, geben Sie das Dressing hinzu und setzen Sie den Käse mit den Walnüssen on top. Verzieren Sie den Salat mit dem Basilikum.

PETRA LANGENSCHEIDT

TOMATENSUPPE MIT KOKOS UND GARNELEN

Zutaten:

1 Ingwer
Zitronengras
2 Knoblauchzehen
4 Frühlingszwiebeln
2 Esslöffel Kokosöl
200 ml Kokosmilch
200 g passierte Tomaten
½ Teelöffel rote Currypaste
400 ml Gemüsebrühe
150 g geschälte Garnelen
halbe Limette

Zubereitung: Entfernen Sie die Zitronengras-Blätter und schneiden Sie das untere Stängel-Drittel ab. Nur das wird für die Zubereitung der Suppe verwendet. Dann schneiden Sie es zusammen mit dem Knoblauch, den Frühlingszwiebeln und dem Ingwer klein. Geben Sie nun alles zusammen in einen großen Topf, fügen Sie einen Esslöffel Öl hinzu. Lassen Sie die Zutaten für 2 bis 3 Minuten anbraten. Geben Sie die Kokosmilch, Tomaten und rote Currypaste hinzu und kochen Sie den Mix zusammen kurz auf. Gießen Sie langsam die Gemüsebrühe hinzu und lassen Sie die Suppe weitere 5 bis 6 Minuten weiter kochen. Jetzt sind die Garnelen an der Reihe, die Sie wunderbar in der Köchelzeit vorbereiten können. Nach dem gründlichen Waschen und Putzen braten Sie die Garnelen mit etwas Öl in einer Pfanne an und stellen diese erst mal wieder zur Seite. Nun wird die Suppe püriert, dafür nehmen Sie einen normalen Pürierstab. Geben Sie den Saft der halben Limette hinzu und schmecken Sie ab. Jetzt noch alles anrichten und fertig. Genießen Sie diese leckere Suppe!

KOHLRABILASAGNE

Zutaten:

4 Kohlrabi
2 Zwiebel
2 Esslöffel Öl
2 Knoblauchzehe
500 g Rinderhackfleisch oder wahlweise geräucherten Tofu
2 Dosen stückige Tomaten
2 Esslöffel getrockneter Majoran
200 ml Kochsahne (15 % Fett)
2 Eier
200 g Frischkäse, fettreduziert
etwas frisch geriebene Muskatnuss, Salz und Pfeffer

Die Menge eignet sich perfekt für 4 Personen und ist ein köstliches Familiengericht.

Zubereitung: Schneiden Sie zunächst die Zwiebeln und den Knoblauch in kleine Stücke und erhitzen Sie sie mit etwas Öl in einer Pfanne. Geben Sie das Rinderhackfleisch hinzu und lassen Sie es für ca. 10 Minuten darin anbraten (wahlweise Tofu für ca. 3 bis 4 Minuten). Fügen Sie nun die Tomaten hinzu und lassen Sie alles für weitere 30 Minuten auf mittlerer Hitze kochen. Würzen Sie mit etwas Salz, Pfeffer und dem getrockneten Majoran. In der Zwischenzeit können Sie den Kohlrabi schälen, in Scheiben schneiden und diese ca. 6 bis 7 Minuten in Wasser kochen. Sie sollten noch bissfest sein. Danach können Sie sie abkühlen lassen. Jetzt wird der Backofen auf 180 Grad vorgeheizt. Vermengen Sie die Eier mit dem Frischkäse, einer Prise Salz und der geriebenen Muskatnuss. Jetzt wird abwechselnd geschichtet! Nehmen Sie eine Auflaufform und beginnen Sie mit einer Schicht Kohlrabi. Gießen Sie darüber die Sauce und nun immer im Wechsel. Abschließend streichen Sie die Eier-Frischkäse-Sauce auf die Lasagne und schieben sie für ca. 40 Minuten in den Ofen. Nach kurzem Abkühlen können Sie die Kohlrabi-Lasagne genießen!

HIRSEBRATLINGE

Zutaten:

160 g Hirse
80 g Lauch
2 große Möhren
1 rote Zwiebel
6 Eier
4 Esslöffel Rapsöl

Zubereitung: Bringen Sie Wasser zum Kochen und geben Sie die Hirse hinzu. Diese können Sie nun für ca. 20 bis 25 Minuten kochen lassen, am besten auf schwacher Hitze und abgedeckt. Danach abgießen. Schneiden sie nun die Zwiebel und den Lauch in kleine Stücke und raspeln Sie die Möhren. Fügen Sie anschließend die Eier hinzu. Die gekochte Hirse mit der Masse vermischen und mit etwas Salz würzen. Formen Sie nun Bratlinge und braten Sie sie beidseitig jeweils 3 bis 4 Minuten an, bis sie schön goldbraun sind. Nehmen Sie für jeden Bratling 2 bis 3 Esslöffel Masse, so erhalten Sie 6 bis 10 Bratlinge. Guten Appetit!

APFELSTRUDEL MIT HASELNÜSSEN

Zutaten:

4 Äpfel
1 TL Zimtpulver
300 g Magerquark
150 g Joghurt
2 Vanilleschoten
4 Esslöffel gehackte Haselnüsse

Zubereitung: Als Erstes werden die Äpfel gewaschen, in kleine Stücke geteilt und für 10 bis 12 Minuten in 2 Litern Wasser gekocht, bis sie ganz weich sind. Geben Sie zu dem entstandenen Apfelmus den Zimt und lassen Sie ihn abkühlen. Nun werden das Vanille-Mark, der Joghurt und der Quark miteinander verrührt, bis sie zu einer zarten Creme werden. Rösten Sie die Haselnüsse an. Jetzt wird angerichtet: Nehmen Sie dafür vier Gläser zur Hand und schichten Sie abwechselnd pro Glas etwas Quark, Apfelmus und Nüsse. Darüber streuen Sie noch eine Prise Zimt. Lassen Sie sich den Apfelstrudel schmecken!

ZITRONENMUFFINS

Zutaten:

6 Eier
110 g Frischkäse, fettreduziert
1 Zitrone
150 g Joghurt
1 Päckchen Vanillezucker
1 Päckchen Backpulver
350 g gemahlene Mandeln
Zitronenaroma

<u>Zubereitung:</u> Heizen Sie zunächst den Backofen vor. Reiben Sie dann die Zitronenschalen ab und pressen Sie den Saft aus. Geben Sie nun die beiden Zutaten mit dem Joghurt, Vanillezucker, Backpulver, dem Eigelb, Frischkäse und den Mandeln in eine Schüssel und vermischen Sie alle miteinander. Schlagen Sie die Eiweiße steif und rühren Sie sie mit unter den Teig. Nun können Sie die Masse in einzelne Cupcake-Förmchen geben und diese für ca. 25 Minuten im Ofen backen lassen. Holen Sie die goldbraunen Küchlein heraus und lassen Sie sie einige Minuten abkühlen. Wenn Sie die Muffins mit einem leckeren Topping krönen möchten, eignet sich das Frischkäse-Topping, das mit geriebener Zitronenschale verrührt wird. Frischkäse und Zitrone ergeben zusammen einen fruchtig-cremigen Geschmack und schmecken wunderbar zu den Zitronen-Cupcakes.

POWER-PROTEIN-BROT MIT MANDELN, OLIVEN UND GETROCKNETEN TOMATEN

Zutaten:

300 g Magerquark
50 g schwarze, entsteinte Oliven
100 g getrocknete Tomaten
5 Eier
150 g gemahlene Mandeln
2 Esslöffel Sojamehl
150 g Leinsamen
4 Esslöffel Hafer-Schmelzflocken
1,5 Päckchen Backpulver
1 Esslöffel Tomatenmark
1 Teelöffel italienische Kräuter, etwas Salz

Zubereitung: Heizen Sie den Backofen vor, 170 Grad Umluft. Schneiden Sie nun die Oliven und Tomaten in kleine Stückchen. Die Eier und der Quark werden miteinander vermischt, nehmen Sie dafür einen Handmixer. Nun werden alle übrigen Zutaten untergerührt und zu einem glatten Teig verarbeitet. Füllen Sie die Masse in eine entsprechende Backform – hier eignet sich die Kastenform sehr gut – und streichen Sie den Teig glatt. Nach einer Backzeit von ca. 70 Minuten können Sie das gebackene Brot aus dem Ofen holen. Lassen Sie es kurz abkühlen und genießen Sie Ihr selbstgemachtes italienisches Power-Brot.

PAPRIKA-TOFU-REIS

Zutaten:

1 Zwiebel
1 Knoblauchzehe
1 rote Paprikaschote
1 gelbe Paprikaschote
125 g Basilikum-Tofu
1,5 Esslöffel Öl
1,5 Teelöffel Rosenpaprika scharf
125 g 10-Minuten-Reis
1 Dose stückige Tomaten
200 ml Gemüsebrühe
Zucker, Salz, Pfeffer

Die perfekte Menge für zwei Portionen.

Zubereitung: Schneiden Sie die gewaschenen Paprika und den Tofu in kleine Stücke und schälen und hacken Sie die Zwiebel und den Knoblauch. Braten Sie als Erstes den Tofu für ca. 2 bis 3 Minuten in etwas Öl an und geben Sie die Paprika samt den Zwiebeln und den Knoblauch hinzu. Braten Sie alles zusammen für 3 Minuten an. Fügen Sie Salz, eine Prise Zucker und etwas Paprikapulver in die Pfanne hinzu und schmecken Sie ab. Anschließend kommen die stückigen Tomaten, der Reis und die Brühe hinzu. Sie werden zusammen kurz aufgekocht und dürfen für weitere 10 Minuten köcheln. So schnell geht dieser leckere Paprika-Tofu-Reis!

KARTOFFEL-COUSCOUS-PUFFER

Zutaten:

500 g Kartoffeln
500 g Couscous
2 Esslöffel geschrotete Leinsamen
2 Teelöffel Haferflocken
2 Bund Petersilie
2 Esslöffel Bratöl
Salz, Pfeffer

Diese Mengenangabe bezieht sich auf 4 Portionen.

Zubereitung: Geben Sie den Couscous in einen halben Liter Wasser und lassen Sie ihn gar werden. Währenddessen können Sie die Kartoffeln schälen und weichkochen. Das Leinsamen-Wasser, das aus den Leinsamen und der dreifachen Wassermenge besteht, 5 bis 10 Minuten „ziehen" lassen und danach mit der klein geschnittenen Petersilie, den Kartoffeln und dem Couscous vermischen. Den Teig mit etwas Salz und Pfeffer würzen und in der Pfanne anbraten. Fertig!

HERZHAFTER FLAMMKUCHEN MIT BUNTEM GRILLGEMÜSE

Zutaten:

500 g Karfiol
2 Knoblauchzehen
2 Esslöffel gemahlene Leinsamen
400 g Gouda
1 Bund Frühlingszwiebeln
8 Esslöffel Frischkäse
15 kleine Cocktailtomaten
1 gelbe Paprika
20 schwarze Oliven
½ Packung Rucola
etwas Salz und Pfeffer zum Würzen

Diese Menge eignet sich wunderbar für 4 Personen und ist ein tolles Gericht für einen gemütlichen Abend mit Freunden.

Zubereitung: Heizen Sie zunächst den Backofen vor, Umluft auf 220 Grad. Bereiten Sie nun Leinsamen-Wasser zu, indem Sie im Verhältnis 1:3 zu jedem Löffel Leinsamen drei Löffel Wasser hinzugeben. Vermischen und ca. 5 bis 10 Minuten ziehen lassen. Dann wird der Karfiol vorbereitet. Sie können ihn entweder in der Mikrowelle ca. 10 Minuten erhitzen und andünsten oder aber auch im Backofen für 15 Minuten bei 200

Grad schmoren lassen. Sollten Sie sich für die Ofenvariante entschieden, stellen Sie die Gradzahl erst danach auf 220 Grad. Danach können Sie den gepressten Knoblauch, das Leinsamen-Wasser, den gegarten Karfiol und Käse in einer Schüssel vermengen. Würzen Sie mit etwas Salz und Pfeffer. Geben Sie den Karfiol-Teig auf das Backblech und backen Sie ihn für ca. 12 bis 15 Minuten. In dieser Zeit können Sie sich dem Gemüse widmen. Schneiden Sie die Paprika, Tomaten und die Frühlingszwiebeln klein. Braten Sie das Gemüse in einer beschichteten Pfanne kurz an. Nach den 12 bis 15 Minuten können Sie den Flammkuchen mit dem angegrillten Gemüse sowie den entsteinten Oliven belegen und für weitere 10 Minuten im Ofen lassen. Danach holen Sie den fertigen Flammkuchen heraus und richten ihn mit dem Rucola an. Lassen Sie es sich schmecken!

Tipp: Karfiol ist die leckere Teig-Alternative, die einen positiven Effekt auf die Blutzuckerregulation hat.

SOMMERSUPPE

Zutaten:

150 ml Joghurt
eine Messerspitze Senf
50 g Radieschen
50 g Gurke
1/2 Bund Dill
etwas Salz und Pfeffer zum Würzen

Die Menge an Zutaten eignet sich wunderbar für zwei Portionen.

Zubereitung: Dieses frische Gericht ist schnell gemacht. Vermischen Sie den Senf und den Joghurt mit einem halben Liter Wasser und stellen Sie die Schüssel für eine halbe Stunde kalt. Wahlweise können Sie mit etwas Salz und Pfeffer würzen, ganz nach Ihrem Geschmack. In der Zwischenzeit können Sie die Gurke und die Radieschen schneiden und den Dill klein hacken. Nun wird alles mit der kaltgestellten Suppe verrührt. Lecker!

LOW-CARB-COTTAGE-CHEESE MIT HEIDELBEEREN

Zutaten:

200 g Heidelbeeren
300 g Cottage Cheese
1 EL frisch gepresster Orangensaft
4 Tropfen flüssiger Süßstoff
1 Prise Zimt

<u>Zubereitung:</u> Waschen Sie die Heidelbeeren und lassen Sie sie gründlich abtropfen. Dann den Cottage Cheese mit dem Zitronensaft und dem Zimt verrühren und, bei Bedarf, etwas flüssigen Süßstoff hinzufügen. Den vorbereiteten Cottage Cheese auf zwei Schalen verteilen und mit den Heidelbeeren garnieren.

PETRA LANGENSCHEIDT

HAFERRISOTTO MIT SCHNITT-LAUCH

Zutaten:

½ Liter stilles Mineralwasser
66 g Haferflocken
Schnittlauch
Kräuter und etwas Suppengewürz

Die perfekte Menge für eine Person. Kochen Sie zunächst die Gemüsebrühe auf. Rühren Sie die Haferflocken ein und lassen Sie sie ausquellen. Kurz vor dem Anrichten werden Schnittlauch und Kräuter eingerührt. So schnell und so gut!

LOW-CARB-HUMMUS

Hummus ist eine gute Brotaufstrich-Variante, wenn es mal kein Käse sein soll. Ein effektiver Belag, um genussvoll gegen zu hohen Blutzucker anzukämpfen. Er enthält wertvolle Proteine, die einen gesunden Stoffwechsel fördern.

Zutaten:

60 g Kichererbsen
1 Esslöffel Sesampaste
15 ml Olivenöl
½ Knoblauchzehe
zwei Spritzer Zitrone
etwas Salz und Pfeffer zum Würzen

Die Menge an Zutaten eignet sich für zwei Portionen.

Zubereitung: Hier ist eine gute Vorbereitung nötig, denn die Kichererbsen müssen zunächst für zwölf Stunden eingeweicht werden. Planen Sie also die Zubereitung schon einen Tag vorher. Nach der Einweichzeit können die Kichererbsen gekocht werden, bis sie nach ca. zwei Stunden die gewünschte weiche Konsistenz haben. Jetzt wird alles vermengt. Schneiden Sie dafür den Knoblauch und vermischen Sie ihn mit Salz und Pfeffer sowie der Zitrone. Geben Sie die weichen

Kichererbsen hinzu und pürieren Sie, bis ein feines Mus entsteht. Guten Appetit!

KICHERERBSEN-ORANGEN-SALAT MIT AVOCADO

Zutaten:

500 g Feldsalat
eine Dose Kichererbsen
eine Avocado
1 Esslöffel Olivenöl
2 Orangen
50 g Joghurt
Salz, Pfeffer zum Würzen

Die Menge an Zutaten eignet sich sehr gut für 1 bis 2 Personen.

Zubereitung: Waschen Sie den Feldsalat und die Kichererbsen gründlich ab. Vermischen Sie den ausgepressten Saft einer Orange mit dem Olivenöl, Salz und Pfeffer. Schälen Sie die andere Orange und schneiden Sie das Fruchtfleisch in kleine Stücke. Die Avocado können sie, nach Belieben, vierteln oder ebenfalls in kleine Stücke teilen. Nun wird alles angerichtet. Den Feldsalat samt Dressing, die Kichererbsen und die Orangen auf einen Teller geben, Avocado und Joghurt hinzugeben. Sehr einfach und superlecker!

OFEN-SÜßKARTOFFEL MIT PÜRIERTEN ERBSEN

Zutaten:

2 Süßkartoffeln
2 Kohlrabi-Knollen
2 Esslöffel Olivenöl
1 g Paprikapulver
75 g Rucola
Cayennepfeffer
1 Esslöffel Balsamico-Essig
500 g Erbsen
20 g fettarmer Frischkäse
eine Prise Salz und Pfeffer

Diese Menge eignet sich gut für vier Personen.

Zubereitung: Heizen sie den Ofen auf 200 Grad vor. Waschen Sie die Süßkartoffeln gründlich und stechen Sie die halbierten Kartoffeln mehrmals mit einer Gabel ein. Dann mischen Sie 1 Esslöffel Öl mit Paprikapulver und Cayennepfeffer zusammen, und streichen die Süß-kartoffeln mit der Öl-Gewürz-Mischung ein. Wickeln Sie nun die Süßkartoffeln in Alufolie ein und lassen Sie sie für ca. 30 Minuten im Ofen backen. Bringen Sie als Nächstes einen Liter Wasser zum Kochen. In der Zwi-schenzeit können Sie den Kohlrabi schälen und in kleine Stückchen raspeln sowie den Rucola gründlich abspülen. Beide Zutaten können nun, zusammen mit Olivenöl, Essig, Salz und Pfeffer, vermischt werden. Jetzt sind die Erbsen dran, die für drei Minuten gekocht und danach kalt abgeschreckt werden. Nehmen Sie nun den Topf mit dem Kochwasser und stampfen Sie die Erbsen, geben Sie währenddessen den Frischkäse dazu. Verfeinern Sie das Püree mit etwas Pfeffer und Zucker. Die Süßkartoffeln können nun aus der Folie genommen und zusammen mit den Erbsen und dem Salat angerichtet werden. Köstlich!

FRISCHES FRUCHTEIS OHNE ZU-CKER

Zutaten:

125 g Tiefkühlobst, beispielsweise Beeren
125 g Joghurt oder magerer Quark
etwas Zitronensaft
Stevia zum Süßen

Zubereitung: Geben Sie den Joghurt und das ausgewählte Obst in einen Standmixer und vermischen Sie alles zu einer cremigen Masse. Nun können sie abschmecken und, nach Belieben, mit etwas Zitronensaft und Stevia süßen. Wenn Sie sich für Tiefkühlbeeren entschieden haben, können Sie die Creme wie ein Eis sofort anrichten. Bei frischem Obst stellen Sie die Creme einige Stunden ins Gefrierfach. Perfekt für heiße Tage und ein tolles Dessert, mit dem Sie schlank bleiben.

ERFRISCHENDE APRIKOSEN-JO-GHURT-HAPPEN

Zutaten:

50 g Pflanzenfett
100 g Zartbitterschokolade
3 Gläser Aprikosen
2x 500 g Joghurt
1 Teelöffel Zitronenschale, abgerieben
200 g fettreduzierte Sahne
120 g Cornflakes
Stevia zum Süßen, Öl und Alufolie
eine Kastenform

Mit dieser angegebenen Menge erhalten Sie 12 fruchtige Stücke.

Zubereitung: Schmelzen Sie die Schokolade und rühren Sie die Cornflakes hinein. Breiten Sie ein Stück Alufolie in der Kastenform aus und streichen Sie es mit Öl ein. Nehmen Sie ein separates Alu-Stück und geben Sie nun 12 kleine Schokoladen-Cornflakes-Häufchen darauf, den Rest der erhitzten Schokolade können Sie in die Kastenform geben. Stellen Sie die Form dann zur Seite. Als Nächstes können Sie die Dosenpfirsiche abtropfen lassen, den Saft abgießen und separat in ein Glas geben. Schneiden Sie 6 Aprikosen-Stücke in Hälften, alle anderen können Sie mit Joghurt und dem aufgefangenen Pfirsichsaft im Mixer pürieren. Geben Sie nach und nach etwas Stevia und die abgeriebene Zitronenschale hinzu. Stellen Sie die fertige Creme für einige Minuten kalt. Schlagen Sie in der Zwischenzeit die Sahne steif und rühren Sie sie unter den festwerdenden Joghurt. Geben Sie etwa die Hälfte der Creme in die Kuchenform und setzen Sie die Aprikosen-Stücke darauf. Nun kommt die andere Joghurthälfte ebenfalls hinzu und wird über die Pfirsiche verteilt. Alles zusammen wird für ca. 2 Stunden in den Kühlschrank gestellt. Nach der Kühlzeit nehmen Sie den Kuchen aus der Form und entfernen die Alufolie. Teilen Sie ihn in 12 gleichgroße Stücke und geben Sie die restlichen Pfirsiche mit den separaten Schoko-Cornflakes-Häufchen hinzu. Wer möchte, kann zur Verzierung noch ein kleines Minzblatt auf das Küchlein setzen. Guten Appetit!

PETRA LANGENSCHEIDT

LEICHTE GURKEN-JOGHURT-SUPPE MIT NÜSSEN

Zutaten:

1 Gurke
1 Knoblauchzehe
60 g saure Sahne
25 g Walnüsse
250 g Joghurt, fettreduziert
1 Esslöffel Olivenöl
¼ Bund Dill
Salz und Pfeffer

Die Zutatenmenge eignet sich hervorragend für 2 Portionen.

Zubereitung: Zunächst werden die Nüsse klein gehackt und der Knoblauch sowie die Gurke in kleine Stücke geschnitten. Legen Sie vier Gurkenscheiben beiseite, diese können Sie zum Schluss als Dekoration auf die fertige Suppe legen. Stellen Sie außerdem zwei Esslöffel Joghurt zur Seite. Geben Sie nun den Knoblauch mit der Gurke, dem Öl und der Sahne in einen Mixer und verrühren Sie alles. Würzen Sie die Suppe mit Salz und Pfeffer und dem geschnittenen Dill und stellen Sie sie erst mal kalt. Verteilen Sie die kalte Suppe auf zwei Tellern oder auch in Gläser und geben Sie den restlichen Joghurt sowie die Gurkenscheiben on top dazu. Ein tolles Gericht für wärmere Tage!

Fazit –
Auf die Dosis
kommt es an

W ir alle brauchen Zucker – aber in Maßen. Es kommt auf den richtigen Umgang an und die gesunde Einbettung in ein natürliches Nahrungsverhalten. Er ist weder harmlos noch bösartig, wie es uns von vielen Süßigkeitenproduzenten beziehungsweise zahlreichen Biomarken glauben gemacht wird. Seine Wirkung liegt nämlich genau dazwischen. Mit erhöhtem Blutzucker und einer möglichen Diabetes-Erkrankung verbinden viele Betroffene erst einmal eine Schockdiagnose, die mit strengen Kontrollen und zuckerfreier Ernährung einhergeht. Viele befürchten einen immensen Verlust an Lebensqualität, da plötzlich all das, was gut schmeckt, von nun an wegfällt. Doch das ist nicht wahr: Eine gezielte Umstellung auf eine ausgewogenere Ernährung, mit der Sie ihren Blutzuckerspiegel deutlich senken und die Insulinproduktion regulieren, bietet Ihnen dennoch absoluten Genuss. Sie werden schnell Gefallen daran finden, sich mit neuen Rezepten und Impulsen auseinanderzusetzen, auszuprobieren und Schritt für Schritt festgefahrene Muster lösen. Zusätzlich helfen Ihnen Bewegung und regelmäßige Selbstbeobachtung des Blutzuckers, den erhöhten Wert, gegebenenfalls sogar ohne Medikamente in den Griff zu bekommen. Sorgen Sie für einen erholsamen Schlaf und für genügend Entspannungsphasen. Das ist enorm wichtig. Bei Anspannung produziert der Körper nämlich das Stresshormon Cortisol. Zusammen mit weiteren Hormonen lässt es die Blutzuckerwerte ebenfalls steigen. Wenn Sie also Diabetes-Patient sind oder vorab möglichst effektiv vorbeugen wollen, sollten Sie unbedingt regelmäßige Auszeiten einplanen – zum Beispiel mit progressiver Muskelentspannung, Yoga, Meditation oder autogenem Training. Spüren Sie in sich hinein, was Ihnen guttut. Der gestörte Stoffwechsel ist ein Problem von innen heraus, da lohnen sich die Auseinandersetzung mit festgehaltenen Emotionen und der Blick in die Seele. Stärken Sie daher Ihre Psyche, die einen erheblichen Einfluss auf alle leiblichen Funktionen hat. So gelangen Sie zu neuer mentaler wie physischer Kraft und einem wohltuenden Körpergefühl.

Herstellung und Verlag:

BoD – Books on Demand, Norderstedt

ISBN: 9783755779155

1. Auflage

Kontakt: Psiana eCom UG/ Berumer Str. 44/ 26844 Jemgum

Covergestaltung: Fenna Larsson

Coverfoto: depositphotos.com